Impressum
Verlag: BABADADA GmbH, Nedderfeld 112 , 22529 Hamburg
Geschäftsführer / Verlagsleitung: Harald Hof
Druck: Books on Demand GmbH, In de Tarpen 42, 22848 Norderstedt

Imprint
Publisher: BABADADA GmbH, Nedderfeld 112 , 22529 Hamburg, Germany
Managing Director / Publishing direction: Harald Hof
Print: Books on Demand GmbH, In de Tarpen 42, 22848 Norderstedt

စာသင်ခန်း
el aula

စားသည်
dividir

186/2

ဘုတ်ပြား
el pizarrón

ကျောင်းဝင်း
el patio de la escuela

ဆရာ ဆရာမ
el maestro

စာရွက်
el papel

စာရေးသည်
escribir

ဘောပင်
la birome

စာရေးစားပွဲခုံ
el escritorio

ပေတံ
la regla

စာအုပ်
el libro

သူငယ်အိမ်
el alumno

အဖုံးပါ ဘေးလွယ်အိတ်

la mochila

ခဲတံပူး

la caja de lápices

ခဲတံ

el lápiz

ချွန်စက်

el sacapuntas

ခဲဖျက်

la goma (de borrar)

ပုံဆွဲစာအုပ်

el bloc de dibujo

ပုံဆွဲခြင်း

el dibujo

ဆေးခြယ်သည့် စုပ်တံ

el pincel

အရောင်စုံ ဗူး

la caja de pinturas

ကပ်ကြေး

la tijera

ကော်

el pegamento

လေ့ကျင့်ခန်းစာအုပ်

el cuaderno de ejercicios

အိမ်စာ

la tarea

12

နံပါတ်

el número

2+2

ပေါင်းသည်

sumar

5-2

နုတ်သည်

restar

2×2

မြှောက်သည်

multiplicar

တွက်ပါ

calcular

A

စာ

la letra

ABCDEFG HIJKLMN OPQRSTU VWXYZ

အက္ခရာ

el abecedario

hello

စကားလုံး

la palabra

ဖတ်စာအုပ်

el texto

ဖတ်သည်

leer

မြေဖြူ

la tiza

သခံန်းစာ

la lección

ကျောင်းခေါ်ချိန်
မှတ်တမ်းစာအုပ်

el cuaderno de clase

စာမေးပွဲ

el examen

အထောက်အထားလက်မှတ်

el certificado

ကျောင်းဝတ်စုံ

el uniforme escolar

ပညာရေး

la educación

စွယ်စုံကျမ်း

la enciclopedia

တက္ကသိုလ်

la universidad

အနက်ကြည့်မှန်ပြောင်း

el microscopio

မြေပုံ

el mapa

အမှိုက်စွန့်ပုံး

el tacho (de basura)

ဟိုတယ်
el hotel

Grand

�‌‌�‌ဘာ်ဒါ‌ဆောင်
el hostel

ROOMS

ငွေလဲဌာန
la casa de cambio

EXCHANGE

ခရီးဆောင်အိတ်
la valija

ကား
el auto

ဘာသာစကား

el idioma

မှန် / မှား

sí / no

အိုကေ

Está bien

ဟယ်လို

hola

ဘာသာပြန်

el traductor

ကျေးဇူးတင်ပါတယ်

Gracias

......က ဘယ်လောက်လဲ။

¿cuánto cuesta…?

ကျွန်ုပ် နားမလည်ဘူး

No entiendo

ပြဿနာ

el problema

မင်္ဂလာ ညနေခင်းပါ။

¡Buenas tardes!

မင်္ဂလာ နံနက်ခင်းပါ။

¡Buenos días!

မင်္ဂလာ ညပါ။

¡Buenas noches!

ဘိုင်းဘိုင်

el adiós

ဦးတည်ရာ

la dirección

ခရီးဆောင်သေတ္တာ

el equipaje

အိတ်

el bolso

ကျောပိုးအိတ်

la mochila

ဧည့်သည်

el invitado

အခန်း

la habitación

တစ်ကိုယ်စာအိပ်ယာလိပ်

la bolsa de dormir

ရွက်ထည်တဲ

la carpa

ခရီးသွားညွှန်သည်အတွက်
သတင်းအချက်အလက်
la información turística

ကမ်းခြေ
la playa

အကြွေးဝယ်ကတ်
la tarjeta de crédito

နံနက်စာ
el desayuno

နေ့လည်စာ
el almuerzo

ညစာ
la cena

လက်မှတ်
el pasaje

ဓာတ်လှေကား
el ascensor

တံဆိပ်ခေါင်း
el sello

နယ်စပ်
la frontera

အခွန်များ
la aduana

သံရုံး
la embajada

ဗီဇာ
la visa

နိုင်ငံကူးလက်မှတ်
el pasaporte

လေယာဉ်ပျံ
el avión

သင်္ဘော
el barco

မီးသတ်ကား
la autobomba

ဘတ်စ်ကား
el colectivo

ထရပ်ကား
el camión

မော်တော်ဘုတ်
la lancha a motor

စက်ဘီး
la bicicleta

ကား
el auto

ဖယ်ရီသင်္ဘော

el ferry

လှေ

el bote

မော်တော်ဆိုက်ကယ်

la moto

ရဲကား

el patrullero

ပြိုင်ကား

el auto de carreras

စင်းလုံးငှားကား

el auto de alquiler

ကားဌေးမျှုသုံးစွဲခြင်း

el alquiler de autos

ပျက်နေသော ထရပ်ကား

la grúa

အမှိုက်သယ်ယာဉ်

el camión de la basura

မော်တာ

el motor

လောင်စာ

la nafta

ဓာတ်ဆီဆိုင်

la estación de servicio

လမ်းကြောပြ ဆိုင်းဘုတ်

la señal de tránsito

ယာဉ်အသွားအလာ

el tránsito

လမ်းကြောပိတ်ဆို့မှု

el embotellamiento

ကားရပ်နားရာနေရာ

el estacionamiento

ရထားဘူတာရုံ

la estación de tren

လမ်းကြောင်းများ

las vías

ရထား

el tren

ဓာတ်ရထား

el tranvía

ရထားလုံး

el vagón

ဟယ်လီကော်ပီတာ

el helicóptero

လေဆိပ်

el aeropuerto

တာဝါ

la torre

ခရီးသည်

el pasajero

ထည့်စရာပုံး

el contenedor

ကတ်ထူပုံး

la caja de cartón

လှည်း

la carretilla

ခြင်း

la canasta

ထွက်ခွာ / ဆိုက်ရောက်

despegar / aterrizar

မြို့တော်
la ciudad

ကျေးရွာ

el pueblo

မြို့လယ်ခေါင်

el centro de la ciudad

အိမ်

la casa

ရုပ်ရှင်ရုံ
el cine

ကြော်ငြာ
la publicidad

လမ်းမီးတိုင်
el farol

လမ်းသွယ်
la calle

တက္ကစီ
el taxi

သွားရေစာ ဆိုင်
el kiosco

လမ်းလျှောက်သွားသူ
el peatón

ခင်းထားသည့်လမ်း
la vereda

လူကူးမျဉ်းကြား
el paso peatonal

contenedor de basura

လမ်းကူး
el cruce

မီးပွိုင့်
el semáforo

တဲအိမ်
la cabaña

နေအိမ်ခန်း
el departamento

ရထားဘူတာရုံ
la estación de tren

မြို့တော်ခန်းမ
la municipalidad

ပြတိုက်
el museo

ကျောင်း
el colegio

တက္ကသိုလ်

la universidad

ဘဏ်

el banco

ဆေးရုံ

el hospital

ဟိုတယ်

el hotel

ဆေးဆိုင်

la farmacia

ရုံးခန်း

la oficina

စာအုပ်ဆိုင်

la librería

ဆိုင်

el negocio

ပန်းရောင်းသူ၏

la florería

စူပါမားကတ်

el supermercado

ဈေး

el mercado

ပစ္စည်းမျိုးစုံရောင်းသည့်
စတိုးဆိုင်ကြီး

las grandes tiendas

ငါးရောင်းသူ၏

la pescadería

ဈေးဝယ်စင်တာ

el centro comercial

သင်္ဘောဆိပ်

el puerto

အနားယူပန်းခြံ

el parque

ထိုင်ခုံတန်း

el banco

တံတား

el puente

လှေကားထစ်များ

las escaleras

မြေအောက်

el subte

ဥမင်လိုင်ခေါင်း

el túnel

ဘတ်စ်ကားမှတ်တိုင်

la parada del colectivo

ဘား

el bar

စားသောက်ဆိုင်

el restaurante

စာတိုက်သေတ္တာ

el buzón

လမ်းဆိုင်းဘုတ်

el letrero

ကားရပ်နားခ ကောက်ခံသည့် မီတာ

el parquímetro

တိရိစ္ဆာန်ရုံ

el zoológico

ရေကူးကန်

la pileta

ဗလီ

la mezquita

လယ်ယာ

la granja

ညစ်ညမ်းမှု

la contaminación

သချိုင်းကုန်း

el cementerio

ဘုရားရှိခိုးကျောင်း

la iglesia

ကစားကွင်း

los juegos infantiles

ဘုရားကျောင်း

el templo

ရှုခင်း

el paisaje

သစ်ရွက်
la hoja

ဆိုင်းဘုတ်
el poste indicador

လမ်း
el camino

မြက်ခင်း
la pradera

ကျောက်တုံး
la piedra

တောင်တက်သမား
el excursionista

သစ်ပင်
el árbol

မြစ်
el río

မြက်
la hierba

ပန်း
la flor

တောင်ကြား

el valle

တောင်ကုန်း

la montaña

ရေကန်

el lago

သစ်တော

el bosque

သဲကန္တာရ

el desierto

မီးတောင်

el volcán

ရဲတိုက်

el castillo

သက်တန့်

el arco iris

မှို

el champiñón

ထန်းပင်

la palmera

ခြင်

el mosquito

ပျံသန်းသည်

la mosca

ပုရွက်ဆိတ်

la hormiga

ပျား

la abeja

ပင့်ကူ

la araña

ပိုးတောင်မာ

el escarabajo

ဖား

la rana

ရှဉ့်

la ardilla

ဖြူကောင်

el erizo

ယုန်

la liebre

ဇီးကွက်

la lechuza

ငှက်

el pájaro

ငန်း

el cisne

တောဝက်

el jabalí

သမင်

el ciervo

ချိုပြားဒရယ်

el alce

ဆည်

la presa

လေအားသုံး
လျှပ်စစ်ဓာတ်အားပေးစက်

el aerogenerador

နေရောင်ခြည်ခံပြား

el panel solar

ရာသီဥတု

el clima

စားပွဲထိုး
el mozo

မီနူး
el menú

ထိုင်ခုံ
la silla

ဟင်းချို
la sopa

ပီဇာ
la pizza

ဇွန်းခက်ရင်း
los cubiertos

စားပွဲခင်း
el mantel

ပထမဆုံး စားသည့် အစာ
la entrada

ပင်မ အစာ
el plato principal

အချိုပွဲ
el postre

သောက်စရာများ
las bebidas

အစားအစာ
la comida

ပုလင်း
la botella

အသင့်ပြင်ပြီးသား အစားအစာ

la comida rápida

လမ်းဘေးအစားအစာ

la comida callejera

လက်ဖက်ရည်အိုး သို့မဟုတ်
ရေနွေးကြမ်းအိုး

la tetera

သကြားအိုး

la azucarera

တစ်ယောက်စာ

la porción

အက်စက်ပရက်ဆို ကော်ဖီစက်

la cafetera expreso

ထိုင်ခုံအမြင့်

la sillita alta

ငွေတောင်းခံလွှာ

la cuenta

ဗန်း

la bandeja

ဓါး

el cuchillo

ခက်ရင်း

el tenedor

ဇွန်း

la cuchara

လက်ဖက်ရည်ဇွန်း

la cucharita

လက်သုတ်ပုဝါ

la servilleta

ရေသောက်ဖန်ခွက်

el vaso

ပန်းကန်ပြား

el plato

ဟင်းချိုပန်းကန်ပြား

el plato hondo

ပန်းကန်ပြား

el plato

ဆော့စ်

la salsa

ဆားအိုး

el salero

ငရုတ်ကောင်း ချေစက်

el molinillo de pimienta

ရှာလကာရည်

el vinagre

ဆီ

el aceite

ဟင်းခတ်အမွှေးအကြိုင်

las especias

ခရမ်းချဉ်သီးဆော့စ်

el kétchup

မုန်ညင်းဆီဆော့စ်

la mostaza

မယိုးနိစ်

la mayonesa

အထူးကမ်းလှမ်းချက်
la oferta especial

ဖောက်သည် သို့ မဟုတ် ဈေးဝယ်သူ
el cliente

နို့ထွက်ပစ္စည်း
los lácteos

သစ်သီး
la fruta

ထရော်လီလှည်း
el changuito

သားသတ်သမား၏

la carnicería

မုန့်ဖုတ်သမား၏

la panadería

အလေးချိန်သည်

pesar

ဟင်းသီးဟင်းရွက်

las verduras

အသား

la carne

အေးခဲထားသည့် အစားအစာ

los alimentos congelados

ရှင်ဆင်ထားသော အသားအေး

los fiambres

သံဗူးသွပ် အစားအစာ

los alimentos enlatados

ဆပ်ပြာမှုန့်

el detergente en polvo

သကြားလုံးများ

las golosinas

အိမ်သုံး ပစ္စည်းများ

los electrodomésticos

သန့်ရှင်းရေး ပစ္စည်းများ

los productos de limpieza

ဈေးရောင်းသူ

la vendedora

အထိ

la caja

ငွေကိုင်

el cajero

ဈေးဝယ်စာရင်း

la lista de compras

ဖွင့်ချိန်နာရီများ

el horario de atención

အိတ်ဆောင် ပိုက်ဆံအိတ်

la billetera

အကြွေးဝယ်ကတ်

la tarjeta de crédito

အိတ်

la cartera

ပလတ်စတစ်အိတ်

la bolsa de plástico

ရေ

el agua

သစ်သီးဖျော်ရည်

el jugo

နွားနို့

la leche

ကိုကာကိုလာ

la bebida cola

ဝိုင်

el vino

ဘီယာ

la cerveza

အရက်

el alcohol

ကိုကိုးမှုန့်

el cacao

လက်ဖက်ရည် သို့ မဟုတ်
ရေနွေးကြမ်း

el té

ကော်ဖီ

el café

အက်စ်ပရက်ဆို ကော်ဖီ

el café expreso

ကပူချီနိကော်ဖီ

el cappuccino

la comida

ငှက်ပျောသီး

la banana

ပန်းသီး

la manzana

လိမ္မော်သီး

la naranja

ဖရဲသီးမျိုးဝင်

el melón

သံပုရိုသီး

el limón

မုန်လာဥနီ

la zanahoria

ကြက်သွန်ဖြူ

el ajo

မျှစ်

el bambú

ကြက်သွန်နီ

la cebolla

မှို

el champiñón

ပဲစေ့များ

las nueces

ခေါက်ဆွဲ

los fideos

စပါဂတီ ခေါ် အီတလီ ခေါက်ဆွဲ

los tallarines

ထမင်း

el arroz

ဆလပ်ရွက်သုတ်

la ensalada

အကြွပ်ကြော်များ

las papas fritas

အာလူးကြော်

las papas fritas

ပီဇာ

la pizza

ဟမ်ဘာဂါ

la hamburguesa

အသားညှပ်ပေါင်မုန့်

el sándwich

ကတ်တလိပ်

el churrasco

ဝက်ပေါင်ခြောက်

el jamón

ဆလာမီ

el salame

ဝက်အူချောင်း

la salchicha

ကြက်သား

el pollo

ရို့စ်လုပ်ခြင်း

el asado

ငါး

el pescado

ကွေကာအုတ်

los copos de avena

မျိုးစလီ

el muesli

ပြောင်းစေ့ပြား

los copos de maíz

ဂျုံမုန့်

la harina

ခရာဆွန်း ခေါ်
ပြင်သစ်ပေါင်မုန့်တစ်မျိုး

la medialuna

ပေါင်မုန့် လိပ်

el pancito

ပေါင်မုန့်

el pan

ပေါင်မုန့် မီးကင်

la tostada

ဘီစကစ်

las galletitas

ထောပတ်

la manteca

ဒိန်ခဲ

la cuajada

ကိတ်မုန့်

la torta

ဥ

el huevo

ဥကြော်

el huevo frito

ချိစ်

el queso

ရေခဲမုန့်

el helado

သကြား

el azúcar

ပျားရည်

la miel

ယို

la mermelada

ယိုသုတ်စားသည့် ချောကလက်

la pasta de chocolate

ဟင်း

el curry

လယ်တောအိမ်
la granja

တင်းကုပ်
el granero

ကောက်ရိုးပုံ
el fardo de paja

ကွင်းပြင်
el campo

မြင်း
el caballo

နောက်တွဲယာဉ်
el remolque

မြည်း
el potrillo

လယ်ထွန်စက်
el tractor

မြည်း
el burro

သိုး
la oveja

သိုး
el cordero

ဆိတ်
la cabra

နွားမ
la vaca

နွားလေး
el ternero

ဝက်
el cerdo

ဝက်ကလေး
el lechón

နွားထီး
el toro

�’ဲငန်း

el ganso

ဘဲ

el pato

ကြက်ပေါက်ကလေး

el pollo

ကြက်မ

la gallina

ကြက်ဖ

el gallo

ကြက်

la rata

ကြောင်

el gato

ကြွက်ကလေး

el ratón

နွားထီး

el buey

ခွေး

el perro

ခွေးအိမ်

la cucha

ပန်းခြံရေပိုက်

la manguera

ရေလောင်းသည့်ခွက်

la regadera

တံစဉ်အပြားကြီး

la guadaña

ထယ်

el arado

တံစဉ်

la hoz

ပေါက်ပြား

la azada

ကောက်ဆွ

la horquilla

ပေါက်ချွန်း

el hacha

ဘီးတပ် လက်တွန်းလှည်း

la carretilla

စားခွက်

el abrevadero

နို့ပုံး

la lechera

အိတ်

la bolsa

ခြံစည်းရိုး

la reja

မြင်းဇောင်း

el establo

မှန်လုံအိမ်

el invernadero

မြေကြီး

el suelo

အစေ့

la semilla

မြေသြဇာ

el fertilizador

စုပေါင်း ရိတ်သိမ်းသူ

la cosechadora

ရိတ်သိမ်းသည်

cosechar

ရိတ်သိမ်းသည်

la cosecha

ပိလောပိနံ

las batatas

ဂျုံ

el trigo

ပဲပုပ်

la soja

အာလူး

la papa

ပြောင်း

el maíz

နံစားပြောင်းဆီ

la semilla de colza

အသီးပင်

el árbol frutal

ပိလောပိနံ

la mandioca

စီရီရယ် ခေါ် နံနက်စာတစ်မျိုး

los cereales

la casa

မီးခိုးခေါင်းတိုင်
la chimenea

ခေါင်မိုး
el techo

ရေထုတ်ပိုက်
el caño de desagüe

ပြတင်းပေါက်
la ventana

ကားဂိုဒေါင်
el garaje

လူခေါ် ခေါင်းလောင်း
el timbre

တံခါး
la puerta

အမှိုက်ပုံး
el tacho de basura

စာတိုက်သေတ္တာ
el buzón

ပန်းခြံ
el jardín

ဧည့်ခန်း
el living

ရေချိုးခန်း
el baño

မီးဖိုချောင်
la cocina

အိပ်ခန်း
el dormitorio

ကလေး အခန်း
el cuarto de los chicos

ထမင်းစားခန်း
el comedor

ကြမ်းပြင်

el piso

နံရံ

la pared

မျက်နှာကြက်

el cielorraso

မြေအောက်ခန်း

el sótano

ချွေးထုတ်ခန်း

el sauna

ဝရန်တာ

el balcón

ဝရန်တာ

la terraza

ရေကူးကန်

la pileta

မြက်ရိတ်စက်

la cortadora de pasto

အခြုပ်

la sábana

အိပ်ယာခင်း

el acolchado

အိပ်ယာ

la cama

တံမြက်စည်း

la escoba

ရေပုံး

el balde

မီးခလုတ်

el interruptor

el living

နံရံကပ်စက္ကူ
el empapelado

တတ်ပုံ
la imagen

စားပွဲတင် မီးအိမ်
la lámpara

စင်
el estante

နံရံကပ် ဗီရို
el armario

မီးလင်းဖို
la chimenea

တယ်လီဗွီးရှင်း
la televisión

ပန်း
la flor

ကုရှင်
el almohadón

ဆိုဖာ
el sofá

ပန်းအိုး
el florero

အဝေးထိန်း ကိရိယာ
el control remoto

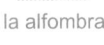

ကော်ဇော
la alfombra

ကန့်လန့်ကာ
la cortina

စားပွဲခုံ သို့မဟုတ် ဇယား
la mesa

ထိုင်ခုံ
la silla

ရှေ့နောက် ယိမ်းနိုင်သည့် ထိုင်ခုံ
la mecedora

လက်တင်ထိုင်ခုံ
el sillón

စာအုပ်

el libro

စောင်

la frazada

အပြင်အဆင်

la decoración

ထင်း

la leña

ဖလင် သို့မဟုတ် ရုပ်ရှင်

la película

ဟိုင်ဖိုင် ကိရိယာ

el equipo de música

သော့

la llave

သတင်းစာ

el diario

ပန်းချီကား

la pintura

ပိုစတာ

el póster

ရေဒီယို

la radio

မှတ်စုစာရွက်အုပ်

el cuaderno

ဖုံစုပ်စက်

la aspiradora

ရှားစောင်းပင်

el cactus

ဖယောင်းတိုင်

la vela

ရေခဲသေတ္တာ
la heladera

မိုက်ခရိုဝေ့ဗ် အပူပေးစက်
el microondas

မီးဖိုချောင်သုံး အလေးချိန်စက်
la balanza de cocina

ဆပ်ပြာမှုန့်
el detergente

ပေါင်မုန့် မီးကင်စက်
la tostadora

ရေခဲခန်း
el freezer

အော်ဗန် ခေါ် မီးဖို
el horno

အမှိုက်ပုံး
el tacho de basura

ပန်းကန်ဆေးစက်
el lavaplatos

လျှပ်စစ် ချက်ပြုတ်အိုး

la cocina

အိုး

la olla

သံအိုးကြီး

la olla de hierro fundido

မွှေကြော်သည့် ဒယ်အိုးကြီး /
ကာဒိုင်း

el wok

ဒယ်အိုး

la sartén

ရေနွေးတည်သည့်အိုး

la pava

ပေါင်းစက်

la vaporera

မုန့်ဖုတ်သည့် ပန်း

la bandeja de horno

ကြွေပန်းကန်ပြား ခွက်ယောက်

la vajilla

မတ်ခွက်

la taza

ဇလုံပန်းကန်

el bol

အစာစားသည့်တူများ

los palitos

ယောက်ချိူ

el cucharón

မွှေသည့်အတံ

la espátula

ခေါက်တံ

la batidora

စစ်သည့် အရာ

el colador

စကာ

el colador

ခြစ်သည့်ကိရိယာ

el rallador

ပြုပ်ဆုံ

el mortero

ဘာဘီကျူးကင်

la parrilla

ထင်းမီးဖို

la fogata

စင်းနီးတုံး

la tabla de picar

လည်နေသောပင်

el palo de amasar

ဖော့ဆို့

el sacacorchos

သံဗူး

la lata

သံဗူးဖောက်တံ

el abrelatas

အိုးတင်သည့်အရာ

la manopla

ရေဆေးသည့် နေရာ

la pileta

စုပ်တံ

el cepillo

ရေမြှုပ်

la esponja

မွှေသည့်စက်

la batidora

အေးခဲသည့် ရေခဲခန်း

el congelador

ကလေးနို့ဗူး

la mamadera

ရေပိုက်ခေါင်း

la canilla

ရေပန်း
la ducha

အပူပေးခြင်း
la calefacción

မျက်နှာသုတ်ပုဝါ
la toalla

ရေချိုးခန်းကန့်လန့်ကာ
la cortina de la ducha

ရေစိမ်ချိုးရန် ရေမြှုပ်ဆပ်ပြာရည်
el baño de espuma

ရေစိမ်ချိုးသည့်ကန်
la bañadera

ရေသောက်ဖန်ခွက်
el vaso

အဝတ်လျှော်စက်
el lavarropas

ကျောက်ပြားများ
las baldosas

ရေပိုက်ခေါင်း
la canilla

အပေ့ါအလေး စွန့်သည့်အိုး
la pelela

ရေဆေးသည့် နေရာ
la pileta

အိမ်သာ
el inodoro

ဆောင့်ကြောင့်ထိုင်ရသည့် အိမ်သာ
la letrina

အမျိုးသမီးသုံး အောက်ပိုင်းဆေးသည့် ကမုတ်
el bidé

အမျိုးသား ဆီးသွားသည့်ကမုတ်
el mingitorio

အိမ်သာသုံး စက္ကူ
el papel higiénico

အိမ်သာတိုက် ဘရပ်ရှ်
el cepillo para el inodoro

သွားတိုက်တံ

el cepillo de dientes

သွားတိုက်ဆေး

el dentífrico

သွား ချေးထုတ်သည့် ကြိုး

el hilo dental

ဆေးကြောသည်

lavar

လက်ကိုင် ရေပန်း

la ducha de mano

ရေပန်းဖြင့်ရေချိုးခြင်း

la ducha higiénica

ရေအင်တုံ

la palangana

နောက်ကျော ချေးတွန်းသည့် ဘရပ်ရှ်

el cepillo para la espalda

ဆပ်ပြာ

el jabón

ရေချိုးဆပ်ပြာရည်

el gel de ducha

ခေါင်းလျှော်ရည်

el shampoo

ဖလန်နယ်စ

la toallita

ရေထွက်ပေါက်

el desagüe

ခရင်မ်

la crema

ဒီအော်ဒရန့် ခေါ် ကိုယ်လိမ်းအမွေးနံ့သာ

el desodorante

မှန်

el espejo

လက်ကိုင်မှန်

el espejito

မုတ်ဆိတ်ရိတ်တံ

la maquinita de afeitar

မုတ်ဆိတ်ရိတ်ရန် အမြှုပ်

la espuma de afeitar

မုတ်ဆိတ်ရိတ်ပြီး
လိမ်းသည့်အမွေးနံ့သာ

el aftershave

ခေါင်းဘီး

el peine

ဘရပ်ရှ်

el cepillo

ဆံပင်ခြောက်စက်

el secador de pelo

ဆံပင်ဖြန်းဆေး

el spray

မိတ်ကပ်

el maquillaje

နှုတ်ခမ်းဆိုးဆေး

el lápiz de labios

လက်သည်းဆိုးဆေး

el esmalte para uñas

ဂွမ်းလုံး

el algodón

လက်သည်းညှပ် ကပ်ကြေး

la tijera para uñas

ရေမွှေး

el perfume

ရေချိုးခန်းသုံး အိတ်

el portacosméticos

ခွေးခြေ

la banqueta

ကိုယ်အလေးချိန်တိုင်းသည့်စက်

la balanza

ရေချိုးပြီး ဝတ်သည့်ဝတ်ရုံ

la bata

ရာ�’ဘာ လက်အိတ်များ

los guantes de goma

တန်ပွန် ခေါ် ဓမ္မတာလာစဉ် မိန်း
မကိုယ်တွင်းထည့်သည့်အရာ

el tampón

အမျိုးသမီး လစဉ်သုံးပုဝါစ

la toallita femenina

ဓာတုပစ္စည်းထည့်သုံးသည့်
အိမ်သာ

el baño químico

နို့စက်
el despertador

ဖက်အိပ်သည့်အရုပ်
el peluche

အရုပ်ကား
el coche de juguete

ခလောက်
el sonajero

အရုပ်မအိမ်
la casa de muñecas

လက်ဆောင်
el regalo

ပူဖောင်း

el globo

အိပ်ယာ

la cama

ကလေးတွန်းလှည်း

el cochecito

ကစားသည့်ကတ်ထုပ်

las cartas

ဂျစ်ဆော ခေါ်
ဆက်ရှုံကစားသည့်
အပိုင်းအစများ
el rompecabezas

ရုပ်ပြစာအုပ်

la historieta

ဆောက်ရွှံကစားသည့် လေဂို အတုံးများ
las piezas de lego

ဆောက်ရွှံကစားသည့် အတုံးများ
los ladrillos de juguete

လှုပ်ရှားလှုပ်ကိုင်သူ
la figura de acción

ဘောဘီဂရိုး
el enterito (de bebé)

ဖရစ်ဘီး ခေါ် ပစ်ရွှံ ကစားသည့် အပြား
el frisbee

ရွှေ့လျားနိုင်သော
el móvil para bebés

ဘုတ်ပြားပေါ်တွင် ကစားနည်း
el juego de mesa

အံစာတုံး
los dados

ကစားစရာ ရထား အစုံမော်ဒယ်
el tren eléctrico

အရုပ်
el chupete

ပါတီ
la fiesta

ရုပ်ပြစာအုပ်
el libro de cuentos ilustrado

ဘောလုံး
la pelota

အရုပ်မ
la muñeca

ကစားသည်
jugar

ကစားသည့် သဲပုံး

el arenero

ဒန်း

la hamaca

အရုပ်များ

los juguetes

ဗွီဒီယိုဂိမ်းကစားသည့် စက်

la consola de videojuegos

သုံးဘီး စက်ဘီး

el triciclo

တက်ဒီ ဝက်ဝံရုပ်

el osito de peluche

အဝတ်ဗီရို

el armario

အဝတ်အစား

la ropa

ခြေအိပ်များ

las medias

အမျိုးသမီးဝတ် ခြေအိပ်ရှည်

las medias panty

အမျိုးသမီး ခြေအိပ်အကြပ်

las calzas

ပုဝါ
la bufanda

ထီး
el paraguas

ခါးပတ်
el cinturón

တီရှပ်
la remera

အားကစားဖိနပ်များ
las zapatillas

ဘွတ်ဖိနပ်များ
las botas

ခြေညှပ်ဖိနပ်များ
las pantuflas

ခြေစွပ် နောက်ပိတ်ဖိနပ်
las sandalias

ရှူးဖိနပ်များ
los zapatos

ရာဘာ ဘွတ်ဖိနပ်များ
las botas de goma

အောက်ခံ အဝတ်များ
la ropa interior

ဘရာဇီယာ
el corpiño

အပေါ်ထပ် လက်ပြတ်အကျႌ
el chaleco

ကိုယ်ခန္ဓာ

el body

ဘောင်းဘီရှည်

los pantalones

ဂျင်းဘောင်းဘီ

los jeans

စကပ်

la pollera

ဘလောက်စ်အင်္ကျီ

la blusa

ရှပ်အင်္ကျီ

la camisa

ခေါင်းစွပ်အင်္ကျီ

el pulóver

ခေါင်းစွပ်ပါ အင်္ကျီ

el buzo

ဘလေဇာကုတ်အင်္ကျီ

el blazer

ဂျက်ကတ်အင်္ကျီ

la campera

ကုတ်အင်္ကျီ

el tapado

မိုးကာ ကုတ်အင်္ကျီ

el piloto

ဝတ်စုံ

el traje

ဂါဝန်

el vestido

လက်ထပ် ဝတ်စုံ

el vestido de novia

အနောက်တိုင်းဝတ်စုံပြည့်

el traje

ညအိပ်အကျႍ

el camisón

ညအိတ်ဝတ်စုံ

el pijama

ဆာရီ

el sari

ခေါင်းအုပ်ပုဝါ

el pañuelo para la cabeza

တာဘန် ခေါ် ခေါင်းပေါင်း

el turbante

ဘာကာခေါ်
အမျိုးသမီးခေါင်းအုပ်

la burka

ကွဖ်တန် ခေါ်
အမျိုးသားဝတ်ဘောင်းဘီ

el caftán

အဘယာ ခေါ် မွတ်ဆလင်
အမျိုးသမီးဝတ်အင်္ကျီ

la abaya

ရေကူးဝတ်စုံ

el traje de baño

အဝတ်သေတ္တာ

el short de baño

ဘောင်းဘီတို

los shorts

အားကစားဝတ်စုံ

el jogging

ခါးစည်း အဝတ်

el delantal

လက်အိတ်များ

los guantes

ကြယ်သီး

el botón

မျက်မှန်

los anteojos

လက်ကောက်

la pulsera

လည်ဆွဲ

el collar

လက်စွပ်

el anillo

နားကပ်

el aro

ခေါင်းဆောင်း ဦးထုပ်

la gorra

ကုတ်အင်္ကျီ ချိတ်

la percha

ဦးထုပ်

el sombrero

နက်တိုင်

la corbata

ဖစ်

el cierre

ဟဲလ်မက်ခေါ် ခေါင်းဆောင်း

el casco

သွားထိန်းများ

los tiradores

ကျောင်းဝတ်စုံ

el uniforme escolar

ယူနီဖောင်းဝတ်စုံ

el uniforme

သွားရည်ခံ

el babero

အရုပ်

el chupete

ကလးအနီး

el pañal

ဆာဗာ
el servidor

ဖိုင်ထည့်သည့် ဗီရို
el archivero

ပရင်တာ
la impresora

မော်နီတာ
el monitor

စာရွက်
el papel

စာရေးစားပွဲခုံ
el escritorio

မောက်စ်
el mouse

စာရွက်ထည့်သည့် ခေါက်ဖိုင်
la carpeta

ကီးဘုတ်
el teclado

အမှိုက်စွန့်ပုံး
el tacho (de basura)

ကွန်ပျူတာ
la computadora

ထိုင်ခုံ
la silla

ကော်ဖီ မတ်ခွက်

la taza de café

ဂဏန်းတွက်စက်

la calculadora

အင်တာနက်

el internet

ပေါင်ပေါ်တင်ရိုက်နိုင်သည့် ကွန်ပြူတာ

la laptop

စာ

la carta

မက်ဆေ့ချ်

el mensaje

မိုဘိုင်းဖုန်း

el celular

ကွန်ရက်

la red

မိတ္တူကူးစက်

la fotocopiadora

ဆော့ဖ်ဝဲရ်

el software

တယ်လီဖုန်း

el teléfono

ပလပ်ပေါက်

el tomacorriente

ဖက်စ်ပို့သည့် စက်

el fax

ပုံစံ

el formulario

စာရွက်စာတမ်း

el documento

ဝယ်ယူသည်
comprar

ပေးအပ်သည်
pagar

ကုန်သွယ်သည်
hacer negocios

ပိုက်ဆံ
el dinero

USD
ဒေါ်လာ
el dólar

EUR
ယူရိုငွေ
el euro

JPY

ယန်းငွေ
el yen

RUB

ရူဘယ်ငွေ
el rublo

CHF

ဆွစ်ဇာလန်နိုင်ငံသုံးငွေ
el franco suizo

CNY

ရမ်မင်ဘီ ယွမ်
el yuan

INR

ရူပီး
la rupia

ငွေချေသည့်နေရာ
el cajero automático

ငွေလဲရှာန
la casa de cambio

ရွှေ
el oro

ငွေ
la plata

ဆီ
el petróleo

စွမ်းအင်
la energía

ဈေးနှုန်း
el precio

စာချုပ်
el contrato

အခွန်
el impuesto

စတော့ဈေးကွက်
la acción

အလုပ်လုပ်သည်
trabajar

ဝန်ထမ်း
el empleado

အလုပ်ရှင်
el empleador

စက်ရုံ
la fábrica

ဆိုင်
el negocio

ရဲအရာရှိ
el policía

မီးသတ်သမား
el bombero

ပိုင်းလော့
el piloto

ဆရာဝန်
el médico

စားဖိုမှူး
el cocinero

မာလီ
el jardinero

လက်သမား
el carpintero

စက်ချုပ်သူ
la modista

တရားသူကြီး
el juez

ဓာတုဗေဒပညာရှင်
el farmacéutico

သရုပ်ဆောင်
el actor

ဘတ်စ်ကားမောင်းသမား

el colectivero

တက်စီမောင်းသူ

el taxista

ငါးဖမ်းသမား

el pescador

သန့်ရှင်းရေး အလုပ်သမ

la mucama

အမိုးပြင်သူ

el techista

စားပွဲထိုး

el mozo

အမဲလိုက်မုဆိုး

el cazador

ဆေးသုတ်သမား သို့မဟုတ်
ပန်းချီဆရာ

el pintor

မုန့်ဖွတ်သမား

el panadero

လျှပ်စစ်ပညာရှင်

el electricista

ဆောက်လုပ်ရေးသမား

el albañil

အင်ဂျင်နီယာ

el ingeniero

သားသတ်သမား

el carnicero

ပိုက်ဆက်ဆရာ

el plomero

စာပို့သမား

el cartero

စစ်သား

el soldado

ဗိသုကာပညာရှင်

el arquitecto

ငွေကိုင်

el cajero

ပန်းပညာရှင်

el florista

ဆံပင်အလှပြင်သူ

el peluquero

လက်မှတ်စစ်

el cobrador

စက်ပြင်ဆရာ

el mecánico

ကပ္ပတိန်

el capitán

သွားဘက်ဆိုင်ရာ ဆရာဝန်

el dentista

သိပ္ပံပညာရှင်

el científico

ရာဘိုင်

el rabino

မွတ်ဆလင် တရားဟောဆရာ

el imán

ဘုန်းကြီး

el monje

တရားဟောဆရာ

el sacerdote

ဓန
el martillo

ပလာယာများ
la tenaza

ဝက်အူလှဲ.
el destornillador

စပန်နာ
la llave

လက်နှိပ်ဓာတ်မီး
la linterna

မြေတူးစက်
la excavadora

လက်သမားသုံးကိရိယာ
သေတ္တာ
la caja de herramientas

လှေကား
la escalera portátil

လွှ
la sierra

လက်သည်းများ
los clavos

အပေါက်ဖောက်စက်
el taladro

ပြင်ဆင်သည်

arreglar

ဂေါ်ပြား

la pala de jardín

ချိုးတဲ့မှုပဲ

¡Qué bronca!

ဖုန်ကျူးသည့် ဂေါ်ပြား

la pala de plástico

ဆေးရောင်အိုး

el tacho de pintura

ဝက်အူများ

los tornillos

ဂီတတူရိယာများ

los instrumentos musicales

ဒရမ် အစုံ
la batería

အသံချဲ့စက်
el parlante

ဂီတာ
la guitarra

နစ်ထပ် ဘွေစ်ဂီတာ
el contrabajo

တံပိုး တူရိယာ
la trompeta

စန္တယား

el piano

တယော

el violín

ဘော့စ်ဂီတာ

el bajo

နားစည်အမြှေးပါး

los timbales

ဒရမ်များ

el tambor

ကီးဘုတ် တူရိယာ

el teclado

ဆက်ဆိုဖုန်း ခေါ်
လေမှုတ်တူရိယာ

el saxofón

ပုလွေ

la flauta

စကားပြောစက်

el micrófono

ဝင်ပေါက်
la entrada

ကျား
el tigre

လှောင်အိမ်
la jaula

မြင်းကျား
la cebra

တိရိစ္ဆာန် အစားအစာ
el alimento para animales

ပင်ဒါ ဝက်ဝံ
el oso panda

တိရိစ္ဆာန်များ

los animales

ဆင်

el elefante

သားပိုက်ကောင်

el canguro

ကြံ့

el rinoceronte

ဂေါ်ရီလာမျောက်

el gorila

ဝက်ဝံ

el oso

ကုလားအုတ်

el camello

ငှက်ကုလားအုတ်

el avestruz

ခြင်္သေ့

el león

မျောက်

el mono

ဖလန်မင်းဂိုးငှက်

el flamenco

ကြက်တူရွေး

el loro

ပိုလာဝက်ဝံ

el oso polar

ပင်ဂွင်းငှက်

el pingüino

ငါးမန်း

el tiburón

ဥဒေါင်းငှက်

el pavo real

မြွေ

la serpiente

မိချောင်း

el cocodrilo

တိရိစ္ဆာန်ရုံ ထိန်းသိမ်းသူ

el cuidador del zoológico

ဖျံ

la foca

ကျားသစ်

el jaguar

ပိုနီမြင်း

el poni

ကျားသစ်

el leopardo

ရေမြင်း

el hipopótamo

သစ်ကုလားအုတ်

la jirafa

သိန်းငှက်

el águila

တောဝက်

el jabalí

ငါး

el pescado

လိပ်

la tortuga

ပင်လယ်ဖျံကြီး

la morsa

မြေခွေး

el zorro

ဦးချိုပါ သမင်ညိုတစ်မျိုး

la gacela

တိရိစ္ဆာန်ရုံ - el zoológico

အမေရိကန် ဖွတ်ဘော
el fútbol americano

စက်ဘီးစီးခြင်း
el ciclismo

တင်းနစ်ရိုက်ခြင်း
el tenis

ဘတ်စကက်ဘော
el básquet

ရေကူးခြင်း
la natación

လက်ဝှေ့
el boxeo

ရေခဲပြင် ဟော်ကီ
el hockey sobre hielo

ဘောလုံးကန်ခြင်း
el fútbol

ကြက်တောင်ရိုက်ခြင်း
el bádminton

ကိုယ်လက်လှုပ်ရှား
အားကစားများ
el atletismo

ဟန်းဒ်ဘော ခေါ် လက်ပစ်ဘော
el handball

နှင်းလျှောစီးခြင်း
el esquí

ပိုလို
el polo

las actividades

ရယ်မောသည်
reír

ခုန်သည်
saltar

ပွေ့ဖက်သည်
abrazar

လမ်းလျှောက်သည်
caminar

သီချင်းဆိုသည်
cantar

အိပ်မက်သည်
soñar

ဆုတောင်းသည်
rezar

နမ်းရှုပ်သည်
besar

စာရေးသည်

escribir

ရေးဆွဲသည်

dibujar

ပြသသည်

mostrar

တွန်းသည်

presionar

ပေးသည်

dar

ယူသည်

tomar

ရှိသည်

tener

ပြုလုပ်သည်

hacer

ဖြစ်သည်

ser

မတ်တပ်ရပ်သည်

estar parado

ပြေးသည်

correr

ဆွဲသည်

tirar

ပစ်သည်

tirar

လဲကျသည်

caer

လိမ်လည်သည်

estar acostado

စောင့်ဆိုင်းသည်

esperar

သယ်ဆောင်သည်

llevar

ထိုင်သည်

estar sentado

အဝတ်အစားဝတ်သည်

vestirse

အိပ်သည်

dormir

အိပ်ယာမှ ထသည်

despertar

တစ်ခုခုကို ကြည့်ရှုသည်

mirar

ငိုသည်

llorar

ပွတ်သပ်သည်

acariciar

ဘီးဖီးသည်

peinar

စကားပြောသည်

hablar

နားလည်သည်

entender

မေးသည်

preguntar

နားထောင်သည်

escuchar

သောက်သည်

beber

စားသည်

comer

သပ်ရပ်အောင်လုပ်သည်

ordenar

ချစ်သည်

amar

ချက်ပြုတ်သည်

cocinar

မောင်းသည်

manejar

ပျံသန်းသည်

volar

ရွက်လွှင့်သည်

navegar

တွက်ပါ

calcular

ဖတ်သည်

leer

သင်ယူသည်

aprender

အလုပ်လုပ်သည်

trabajar

လက်ထပ်သည်

casarse

အပ်ချုပ်သည်

coser

သွားတိုက်သည်

cepillarse los dientes

သတ်သည်

matar

ဆေးလိပ်သောက်သည်

fumar

ပို့သည်

enviar

အဖွား
la abuela

အဖိုး
el abuelo

ဖခင်
el padre

မိခင်
la madre

ကလေး
el bebé

သမီး
la hija

သား
el hijo

ဧည့်သည်
el invitado

အဒေါ်
la tía

ဦးလေး
el tío

အစ်ကို
el hermano

အစ်မ
la hermana

el cuerpo

နဖူး
la frente

မျက်လုံး
el ojo

ပုခုံး
el hombro

လက်ချောင်း
el dedo

မျက်နှာ
la cara

မေးစေ့
la pera

လက်
la mano

ရင်သား
el pecho

ခြေသလုံး
la pierna

လက်မောင်း
el brazo

ကလေး

el bebé

ယောက်ျားကြီး

el hombre

အမျိုးသမီးကြီး

la mujer

မိန်းကလေး

la nena

ယောက်ျားလေး

el nene

ဦးခေါင်း

la cabeza

နောက်ကျော

la espalda

ဗိုက်

la panza

ချက်

el ombligo

ခြေချောင်း

el dedo del pie

ဖနောင့်

el talón

အရိုး

el hueso

တင်ရိုး

la cadera

ဒူးခေါင်း

la rodilla

တံတောင်ဆစ်

el codo

နှာခေါင်း

la nariz

တင်ပါး

la cola

အရေပြား

la piel

ပါးပြင်

el cachete

နား

la oreja

နှုတ်ခမ်း

el labio

ကိုယ်ခန္ဓာ - el cuerpo

ပါးစပ်

la boca

သွား

el diente

လျှာ

la lengua

ဦးနှောက်

el cerebro

နှလုံး

el corazón

ကြွက်သား

el músculo

အဆုတ်

el pulmón

အသည်း

el hígado

အစာအိမ်

el estómago

ကျောက်ကပ်များ

los riñones

လိင်

el sexo

ကွန်ဒုံး

el preservativo

သားဥ

el óvulo

သုတ်ရည်

el semen

ကိုယ်ဝန်

el embarazo

မွေတာလာခြင်း

la menstruación

မိန်းမကိုယ်

la vagina

လိင်တံ

el pene

မျက်ခုံး

la ceja

ဆံပင်

el pelo

လည်ပင်း

el cuello

ဆေးရုံ
el hospital

အရေးပေါ် ယာဉ်
la ambulancia

ဘီးတပ် ကုလားထိုင်
la silla de ruedas

ကျိုးခြင်း
la fractura

ဆရာဝန်

el médico

အရေးပေါ် ဆေးကုသခန်း

la sala de guardia

သူနာပြု

la enfermera

အရေးပေါ်

la emergencia

သတိလစ်ခြင်း

inconsciente

နာခြင်း

el dolor

ဒက်ရာ

la lesión

သွေးယိုထွက်ခြင်း

la hemorragia

နှလုံးရပ်ခြင်း

el infarto

လေဖြတ်ခြင်း

el ACV

ဓာတ်မတည့်ခြင်း

la alergia

ချောင်းဆိုးခြင်း

la tos

အဖျား

la fiebre

တုပ်ကွေးရောဂါ

la gripe

ဝမ်းပျက်ဝမ်းလျှောခြင်း

la diarrea

ခေါင်းကိုက်ခြင်း

el dolor de cabeza

ကင်ဆာရောဂါ

el cáncer

ဆီးချိုရောဂါ

la diabetes

ခွဲစိတ်ဆရာဝန်

el cirujano

ခွဲစိတ်ခန်းသုံးဓါးပါး

el bisturí

ခွဲစိတ်ခြင်း

la operación

စီတီ
la TC

ဓာတ်မှန်
los rayos x

အာထရာဆောင်း
la ecografía

မျက်နှာဖုံး
el barbijo

ရောဂါ
la enfermedad

စောင့်ဆိုင်းရန် အခန်း
la sala de espera

ချိုင်းထောက်
la muleta

ပလာစတာ
la curita

ပတ်တီး
la venda

ထိုးဆေး
la inyección

နားကြပ်
el estetoscopio

လူနာတင်ထမ်းစင်
la camilla

ကုသရေးပိုင်းသုံး
ရှိန်တိုင်းသာမိုမီတာ
el termómetro

မွေးဖွားခြင်း
el nacimiento

အဝလွန်ခြင်း
el sobrepeso

နားကြားကိရိယာ

el audífono

ပိုးသတ်ဆေး

el desinfectante

ရောဂါကူးစက်ခြင်း

la infección

ဗိုင်းရပ်စ်ပိုး

el virus

အိတ်ချ်အိုင်ဗွီ /
အေအိုင်ဒီအက်စ်

el VIH / SIDA

ဆေးဝါး

el remedio

ကာကွယ်ဆေးထိုးခြင်း

la vacunación

ဆေးလုံးများ

los comprimidos

ဆေးလုံး

la pastilla anticonceptiva

အရေးပေါ် ဖုန်းခေါ် ဆိုမှု

la llamada de emergencia

သွေးဖိအား စောင့်ကြည့်သည့်
ကိရိယာ

el tensiómetro

နာမကျန်းသော / ကျန်းမာသော

enfermo / sano

ကူညီကြပါ။

¡Ayuda!

အရေးပေါ် ခေါင်းလောင်း

la alarma

ရိုက်နက်သည်

la agresión

တိုက်ခိုက်သည်

el ataque

အန္တရာယ်

el peligro

အရေးပေါ် ထွက်ပေါက်

la salida de emergencia

မီး။

¡Fuego!

မီးသတ်ဖူး

el matafuego

မတော်တဆဖြစ်ရပ်

el accidente

ကြက်ခြေနီ ဆေးပုံး

el botiquín de primeros
auxilios

အက်စ်အိုအက်စ်

el SOS

ရဲ

la policía

ဥရောပတိုက်

Europa

မြောက်အမေရိကတိုက်

América del Norte

တောင်အမေရိကတိုက်

América del Sur

အာဖရိကတိုက်

África

အာရှတိုက်

Asia

သြစတြေးလျတိုက်

Australia

အတ္တလန္တိတ် သမုဒ္ဒရာ

el Atlántico

ပစိဖိတ် သမုဒ္ဒရာ

el Pacífico

အိန္ဒိယ သမုဒ္ဒရာ

el Océano Índico

အန္တာတိတ် သမုဒ္ဒရာ

el Océano Antártico

အာတိတ် သမုဒ္ဒရာ

el Océano Ártico

မြောက်ဝင်ရိုးစွန်း

el polo norte

တောင်ဝင်ရိုးစွန်း

el polo sur

အွန္တာတိကတိုက်

la Antártida

ကမ္ဘာမြေကြီး

la Tierra

ကုန်းမြေ

la tierra

ပင်လယ်

el mar

ကျွန်း

la isla

နိုင်ငံကူးလက်မှတ်

la nación

ပြည်နယ်

el estado

နာရီမျက်နှာပြင်

la esfera

နာရီလက်တံ

la manecilla de las horas

မိနစ်လက်တံ

el minutero

ဒုတိယလက်တံ

el segundero

�’ဘယ်အချိန်ရှိပြီလဲ။

¿Qué hora es?

ရက်

el día

အချိန်

la hora

ယခု

ahora

ဒစ်ဂျစ်တယ် လက်ပတ်နာရီ

el reloj digital

မိနစ်

el minuto

နာရီ

la hora

တနင်္လာနေ့
lunes

ဗုဒ္ဓဟူးနေ့
miércoles

သောကြာနေ့
viernes

TU

TH

FR

SA

SO

အင်္ဂါနေ့
martes

ကြာသပတေးနေ့
jueves

စနေနေ့
sábado

တနင်္ဂနွေနေ့
domingo

မနေ့က

ayer

ယနေ့

hoy

မနက်ဖြန်

mañana

မနက်

la mañana

နေ့လည်

el mediodía

ညနေ

la tarde

MO	TU	WE	TH	FR	SA	SU
1	2	3	4	5	6	7
8	9	10	11	12	13	14
15	16	17	18	19	20	21
22	23	24	25	26	27	28
29	30	31	1	2	3	4

အလုပ်လုပ်ရက်များ

los días hábiles

MO	TU	WE	TH	FR	SA	SU
1	2	3	4	5	6	7
8	9	10	11	12	13	14
15	16	17	18	19	20	21
22	23	24	25	26	27	28
29	30	31	1	2	3	4

စနေ တနင်္ဂနွေ အားလပ်ရက်

el fin de semana

မိုး
la lluvia

သက်တန့်
el arco iris

နှင်း
la nieve

လေ
el viento

နွေဦးရာသီ
la primavera

ဆောင်းဦးရာသီ
el otoño

နွေရာသီ
el verano

ဆောင်းရာသီ
el invierno

ရေလေဝသ ကြိုတင်ခန့်မှန်းချက်

el pronóstico meteorológico

အပူချိန်တိုင်း ကိရိယာ

el termómetro

နေရောင်ခြည်

la luz del sol

တိမ်

la nube

မြူ

la niebla

စိုထိုင်းဆ

la humedad

လျှပ်စီးလက်ခြင်း

el rayo

မိုးကြိုး

el trueno

မုန်တိုင်း

la tormenta

မိုးသီး

el granizo

မိုးရာသီ

el monzón

ရေကြီးခြင်း

la inundación

ရေခဲ

el hielo

ဇန်နဝါရီလ

enero

ဖေဖော်ဝါရီလ

febrero

မတ်လ

marzo

ဧပြီလ

abril

မေလ

mayo

ဇွန်လ

junio

ဇူလိုင်လ

julio

သြဂုတ်လ

agosto

နှစ် - el año

စက်တင်ဘာလ

septiembre

အောက်တိုဘာလ

octubre

နိုဝင်ဘာလ

noviembre

ဒီဇင်ဘာလ

diciembre

ပုံစံများ

las formas

စက်ဝိုင်း

el círculo

စတုရန်း

el cuadrado

ထောင့်မှန်စတုဂံ

el rectángulo

တြိဂံ

el triángulo

စက်ဝန်း

la esfera

အတုံး

el cubo

အဖြူရောင်

blanco

အဝါရောင်

amarillo

လိမ္မော်ရောင်

naranja

ပန်းရောင်

rosa

အနီရောင်

rojo

ခရမ်းရောင်

violeta

အပြာရောင်

azul

အစိမ်းရောင်

verde

အညိုရောင်

marrón

မီးခိုးရောင်

gris

အနက်ရောင်

negro

အများအပြား / အနည်းငယ်

mucho / poco

စိတ်ဆိုးသော /
စိတ်တည်ငြိမ်သော

enojado / tranquilo

လှပသော / ရုပ်ဆိုးသော

lindo / feo

အစ / အဆုံး

el principio / el fin

အကြီးသော / အငယ်

grande / chico

တောက်ပသော / မှောင်မဲသော

claro / oscuro

ညီအစ်ကို / ညီအစ်မ

el hermano / la hermana

သန့်ရှင်းသော / ညစ်ပတ်သော

limpio / sucio

ပြည့်စုံသော / မပြည့်စုံသော

completo / incompleto

နေ့ / ည

el día / la noche

သေသော / ရှင်သော

muerto / vivo

ကျယ်သော / ကျဉ်းသော

ancho / angosto

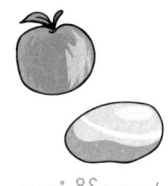

စားသုံးနိုင်သော /
မစားသုံးနိုင်သော

comestible / no comestible

စိတ်ယုတ်သော / ကြင်နာသော

malo / amable

စိတ်လှုပ်ရှားဖွယ် / ပျင်းရိဖွယ်

entusiasmado / aburrido

ဝသော / ပိန်သော

gordo / flaco

ပထမ / နောက်ဆုံးပိတ်

primero / último

မိတ်ဆွေ / ရန်သူ

el amigo / el enemigo

အပြည့် / ဘာမှမရှိ

lleno / vacío

မာသော / ပျော့သော

duro / blando

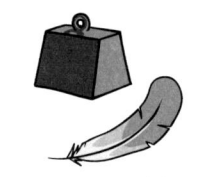

လေးလံသော / ပေါ့ပါးသော

pesado / liviano

ဆာလောင်သော / ရေဆာသော

el hambre / la sed

နာမကျန်းသော / ကျန်းမာသော

enfermo / sano

တရားမဝင်သော /
တရားဝင်သော

ilegal / legal

ဉာဏ်ကောင်းသော /
ထိုင်းသော

inteligente / estúpido

ဘယ် / ညာ

izquierda / derecha

နီးသော / ဝေးသော

cerca / lejos

အသစ် / အသုံးပြုပြီးသား

nuevo / usado

ဘာမှမရှိ / တစ်ခုခု

nada / algo

အသက်ကြီးသော / ငယ်ရွယ်သော

viejo / joven

ဖွင့်သော / ပိတ်သော

encendido / apagado

ဖွင့်သော / ပိတ်သော

abierto / cerrado

တိတ်ဆိတ် / ကျယ်လောင်

silencioso / ruidoso

ချမ်းသာ / ဆင်းရဲ

rico / pobre

အမှန် / အမှား

correcto / incorrecto

ကြမ်းတမ်း / ချောမွေ့

áspero / suave

ဝမ်းနည်း / ဝမ်းသာ

triste / contento

အတို / အရှည်

corto / largo

အနှေး / အမြန်

lento / rápido

စွတ်သော / ခြောက်သွေ့သော

mojado / seco

နွေးထွေးသော / အေးမြသော

caliente / frío

စစ် / ငြိမ်းချမ်းရေး

guerra / paz

los números

0	**1**	**2**
သုည	တစ်	နှစ်
cero	uno	dos
3	**4**	**5**
သုံး	လေး	ငါး
tres	cuatro	cinco
6	**7**	**8**
ခြောက်	ခုနစ်	ရှစ်
seis	siete	ocho
9	**10**	**11**
ကိုး	တစ်ဆယ်	ဆယ့်တစ်
nueve	diez	once

12
ဆယ့်နှစ်
doce

13
ဆယ့်သုံး
trece

14
ဆယ့်လေး
catorce

15
ဆယ့်ငါး
quince

16
ဆယ့်ခြောက်
dieciséis

17
ဆယ့်ခုနစ်
diecisiete

18
ဆယ့်ရှစ်
dieciocho

19
ဆယ့်ကိုး
diecinueve

20
နှစ်ဆယ်
veinte

100
ရာ
cien

1.000
ထောင်
mil

1.000.000
မီလျံ
el millón

အင်္ဂလိပ် ဘာသာစကား

el inglés

အမေရိကန် အင်္ဂလိပ်
ဘာသာစကား
el inglés americano

တရုတ် မန်ဒရင်း ဘာသာစကား

el chino mandarín

ဟိန္ဒူ ဘာသာစကား

el hindi

စပိန် ဘာသာစကား

el español

ပြင်သစ် ဘာသာစကား

el francés

အာရဗီ ဘာသာစကား

el árabe

ရုရှ ဘာသာစကား

el ruso

ပေါ်တူဂီ ဘာသာစကား

el portugués

ဘင်္ဂါလီ ဘာသာစကား

el bengali

ဂျာမန် ဘာသာစကား

el alemán

ဂျပန် ဘာသာစကား

el japonés

ကျွန်ုပ်

yo

သင်

vos

သူ / သူမ / ၎င်း

él / ella

ကျွန်ုပ်တို့

nosotros

သင်တို့

ustedes

သူတို့

ellos

ဘယ်သူလဲ။

¿quién?

ဘာလဲ။

¿qué?

ဘယ်လိုလဲ။

¿cómo?

ဘယ်နေရာလဲ။

¿dónde?

ဘယ်အချိန်လဲ။

¿cuándo?

အမည်

el nombre

အနောက်ဖက်

detrás

အတွင်း

en

အရှေ့ဖက်

adelante de

အထက်ဖက်

por encima de

အပေါ်ဖက်

sobre

အောက်ဖက်

debajo de

ဘေးဖက်

al lado de

ကြား

entre

နေရာ

el lugar